생전예수재

생전예수재의 공덕

첫째, 마음이 항상 즐거우며
둘째, 전생과 내세의 죄업이 소멸되고
셋째, 심신이 경쾌해지며
넷째, 가정이 평안해진다
다섯째, 무병장수를 누리고
여섯째, 심덕이 깨끗해지며
일곱째, 원하는 바 소망이 이루어지고
여덟째, 공덕이 쌓일 뿐만 아니라
아홉째, 깨달음을 얻고
열째, 극락세계에 태어난다

차례

생전예수재

생전예수재 49일 일상 지장기도문	... 8
일상 발원 기도문	... 10
생전예수재 49일 지장기도 일지	... 12

생전예수재의 의미

생전예수재의 의미	... 18
생전예수재의 유래	... 22
보살행의 구현	... 28
생전예수재 지내는 시기	... 30
윤달에 짓는 수의	... 32
미리 복을 짓는 생전예수재	... 34

예수재 법요에 담긴 뜻

예수재 재단 구성 ... 38
예수재 의식 ... 44
예수재 의식의 의미 ... 46
지장보살 ... 49
명부전 시왕 ... 52

띠별 예수재 빚

12지간 예수재 빚 ... 68

『수생경』

『수생경(壽生經)』에 담긴 부처님 말씀 ... 78
수생전을 명부에 바치는 발원문 ... 84
수생전과 읽은 경을 명사에 불살라 바치는 법 ... 86

극락왕생 발원문 ... 89

생전예수재

생전예수재 49일 일상 지장기도문

〈거불〉　　　나무 유명교주 지장보살(절)
　　　　　　나무 남방화주 지장보살(절)
　　　　　　나무 대원본존 지장보살(절)

광명진언　　옴 아모가 바이로차나 마하무드라
　　　　　　마니 파드마 즈바라 프라바르타야 훔(3회)

참회진언　　옴 살바 못자 모지 사다야 사바하(3회)

참회 108배

지장정근　　나무 남방화주 대원본존 지장보살(반배)
　　　　　　南無 南方化主 大願本尊 地藏菩薩
　　　　　　지장보살 지장보살……(1,000회)

〈마침〉

지장보살 멸업장진언   옴 바라 마니다니 사바하(3회)

지장대성위신력 항하사겁설난진
地藏大聖威神力 恒河沙劫設難盡

견문첨례일념간 이익인천무량사
見聞瞻禮一念間 利益人天無量事

고아일심 귀명정례(반배)
故我一心 歸命頂禮

기도 후 지장기도 일지를 작성하십시오.
매일 기도 후 작은 정성을 모아 예수재 회향식 때 불전에 보시하십시오.

일상 발원 기도문

위없이 높은 깨달음을 성취하시고
중생의 길을 밝히시는
거룩한 부처님께 귀의합니다.
자비한 행동으로 선을 쌓고 중생 구제의 서원을 세운
지장보살님께 귀의합니다.
인과의 바른 도리로 중생을 깨우치는
명부시왕님께 귀의합니다.
생사의 길이 어두우매 부처님의 광명을 의지하여야
밝힐 수 있고
고해의 파도가 험난하매 법보의 배를 타야만
건널 수 있다고 하였습니다.
사생육도의 중생은 진리를 미혹하여

고통의 윤회를 헤매고

생사의 되풀이는 예부터 오늘에 이르도록

그칠 줄 모르고 있습니다.

이제 삼세의 지은 죄를 지극한 마음으로 참회하오며

모든 부처님과 지장보살님의 본원 가피력에 의지합니다.

이 정성을 거두어 부처님의 품 안에서

풍성한 공덕을 누리고

묵은 업장 지난 빚 모두 소멸하여

정각보리의 법을 깨달아

무생법인을 얻도록 힘을 베풀어주옵소서.

거룩하신 부처님께 귀의합니다.

생전예수재 49일 지장기도 일지

　지장기도는 선망부모의 영가 천도는 물론 전생 인연으로 맺은 각종 원한과 악의 인연 영가, 낙태 인연 영가와의 각종 갈등과 삿된 인연을 해결하고 좋은 인연으로 만드는 기도입니다.

　생전예수재 기간 동안 지성으로 기도함으로써 횡액(橫厄)과 재앙을 물리치고, 과거의 업을 참회함으로써 성불의 인연을 지으십시오.

- **참회 108배**　　매일 108배 × 49일 = 5,292회
- **지 장 정 근**　　매일 1,000회 × 49일 = 49,000회
- **매 일 보 시**　　1,000원 내외(기도 회향까지 모아 보시)

　※**일지 작성 방법**　'매일 횟수'는 자신이 매일 절하고 정근한 횟수를 기재하며, '남은 횟수'는 총 횟수에서 자신이 그때까지 실천한 횟수를 뺀 나머지 목표량입니다.
　예) 1일 매일 횟수: 참회 108회, 지장정근 1,000회
　　　남은횟수: 참회 5,292-108=5,184회
　　　　　　　지장정근: 49,000-1,000=48,000회

날짜			참회 108배		지장정근		보시
			매일 횟수(0)	남은 횟수(5,292)	매일 횟수(0)	남은 횟수(49,000)	
1일	월	일					
2일	월	일					
3일	월	일					
4일	월	일					
5일	월	일					
6일	월	일					
7일	월	일					
8일	월	일					
9일	월	일					
10일	월	일					
11일	월	일					
12일	월	일					
13일	월	일					
14일	월	일					
15일	월	일					
16일	월	일					
17일	월	일					

날짜			참회 108배		지장정근		보시
			매일 횟수(0)	남은 횟수(5,292)	매일 횟수(0)	남은 횟수(49,000)	
18일	월	일					
19일	월	일					
20일	월	일					
21일	월	일					
22일	월	일					
23일	월	일					
24일	월	일					
25일	월	일					
26일	월	일					
27일	월	일					
28일	월	일					
29일	월	일					
30일	월	일					
31일	월	일					
32일	월	일					
33일	월	일					
34일	월	일					

날짜			참회 108배		지장정근		보시
			매일 횟수(0)	남은 횟수(5,292)	매일 횟수(0)	남은 횟수(49,000)	
35일	월	일					
36일	월	일					
37일	월	일					
38일	월	일					
39일	월	일					
40일	월	일					
41일	월	일					
42일	월	일					
43일	월	일					
44일	월	일					
45일	월	일					
46일	월	일					
47일	월	일					
48일	월	일					
49일	월	일					

생전예수재의 의미

생전예수재의 의미

생전예수재(生前預修齋)는 고려시대 이후부터 성행하여 지금까지 이어지고 있다. 사람들 사이에 여러 복덕과 극락왕생을 기원하는 행사로 자리 잡았다. 그러나 대부분의 사람들은 예수재가 단지 공양 공덕을 쌓는 정도로 이해하거나 복락을 누리려는 개인적 기복으로만 이해한다.

물론 그런 의미도 있다. 재를 지냄으로써 개인의 환난과 고통을 소멸하고자 하는 것이 모든 중생의 소망이기 때문이다. 그러나 생전예수재는 이보다 더 깊은 뜻이 담겨 있다.

재란?

중생들은 약하기 때문에 악에 쉽게 노출되고, 빠질 수 있다. 이러한 중생들의 약한 심신을 새로이 정화시키고자 재를 올리게 되었다. 재를 지내는 기간에는 불공을 정성스레 올리고, 계를 엄격하게 지킴으로써 신행생활을 확고히 하고, 부처님 말씀에 대한 믿음을 다진다. 이렇게 가슴 깊이 간직한 불성을 깨우고, 싹 틔우기 위해 일정기간 스님에 준하는 수행을 하는 것이다.

대표적인 재가 영산재와 8관재가 있다. 사람이 죽은 후 지내는 49재도 이와 같은 의미를 지닌다. 유교의 제사와 달리 불교의 49재는 남아 있는 유족들이 부처님 말씀과 스님의 설법으로 죽은 이의 극락왕생을 비는 의례이다. 여기서 49재와 생전예수재의 차이점이 있다. 49재가 죽은 이를 위한 재라면, 생전예수재는 살아 있는 '나'를 위해 내가 지내는 재이다. 생전에 나를 위해 재를 지냄으로써 사후 복을 기리는 것이다.

생전예수재의 뜻

생전예수재는 살아 있는 현재의 내가 '나'를 위해 지내는 재이다. 단순히 개인의 고통과 번뇌를 없애고, 내생의 복락을 누리기 위해 지내는 것이 아니라 좀 더 깊은 의미가 담겨 있다.

 그 첫 번째 의미는, 사람이라면 언젠가는 죽음을 맞이한다. 즉, 오늘이라는 이 시간은 영원할 수 없다. 그리고 누구나 죽음 앞에서 평등하다. 우리가 하루하루를 소중히 여기며 살아가듯이 불시에 찾아오는 죽음에 대해 준비하여 내생을 대비해야 한다. 그렇다면 내생을 위해 대비하는 방법은 무엇일까? 내생을 대비하는 길은 오로지 선한 공덕을 쌓는 길밖에 없다.

 두 번째 의미는 참회이다. 생전예수재를 통해 참회하라는 것이다. 특별히 잘못한 것도 없고, 올바르게 살아왔는데 무슨 참회를 하라는 건지 잘 이해가 안 갈지 모른다. 하지만 이렇게 생각이 들수록 더욱 참회해야 한다.

모든 중생의 삶은 다른 중생의 생명과 봉사로 유지되고 있다. 우리네 삶이 이러한데 어떻게 티끌만 한 잘못도, 죄도 없다 자만하고, 선업 쌓기를 게을리 할 수 있을까. 아무리 깨끗하게 살았다 하더라도 그건 단지 현생에서의 일이다. 기억하지 못하는 전생에서의 무수히 많은 죄들을 떠올리면 깨끗하다 할 수 없을 것이다.

　무상에 대한 깊은 인식과 교만과 죄업에 대한 뼈저린 참회야말로 예수재에 담겨 있는 참된 의미라고 할 수 있다.

생전예수재의 유래

예수재를 처음 거행한 사람은 인도 마가다국의 빔비사라 왕이었다. 빔비사라 왕은 열다섯 살에 즉위하여 25년 동안 나라를 다스리면서 재를 지냈다.
그 인연을 『예수천왕통의』에서는 이렇게 전하고 있다.

어느 해 겨울, 밤이 늦도록 잠을 이루지 못하는 빔비사라 왕 앞에 명도(冥道: 저승)의 사자(使者)들이 나타났다. 갑자기 나타난 명도 사자들의 험한 모습을 보고 빔비사라 왕은 그 자리에서 그대로 기절하고 말았다. 명도 사자들은 기절한 빔비사라 왕을 안고 저승으로 발길을 옮겼다.

잠시 후 깨어난 빔비사라 왕은 자신이 궁궐 침상에 누워 있는 것이 아니라 어딘가로 끌려가고 있다는 것을 알았다. 정신을 차리고 주변을 살펴봤더니 명도 사자들에게 이끌려 저승으로 가고 있었다. 한참을 말없이 그대로 끌려가다보니

곧 낯선 저승으로 접어들었다. 저승에 들어서자 특이한 것이 빔비사라 왕 눈에 들어왔다. 풀 한 포기, 나무 한 그루 자라지 않은 마치 하얀 눈으로 뒤덮인 커다란 산이었다. 빔비사라 왕은 궁금증을 참지 못해 명도 사자들에게 물어보았다.

"미안하지만, 저기 보이는 저 산이 무슨 산인지 알려주시겠습니까?"

사자들 중 하나가 대답했다.

"저 산은 남섬부주의 사람들이 예수시왕재로 돌아가신 부모, 스승, 형제, 자매들을 위하여 명왕께 바친 재물들입니다. 하지만 그 재물을 법답게 만들지 않았기에 명왕께서 받지 않으시고 그냥 버린 것들인데 오랜 세월 동안 쌓이다 보니 큰 산처럼 된 것입니다."

사자의 설명을 들은 빔비사라 왕은 언뜻 이해가 되지 않았다. 고개를 갸우뚱거리며 생각에 빠지는 사이 명도 사자들과 빔비사라 왕은 하얀 산을 지나쳐 저승길을 재촉했다.

산을 지나자 이번에는 무수히 많은 귀신들이 길 양쪽에서 나타났다. 어떤 귀신은 날카로운 이를 드러내며 빔비사라 왕을 무섭게 노려봤고, 다른 귀신은 붉은 피를 입에서 뿜어내고 있었으며 또 어떤 귀신은 서너 개 되는 눈을 희번덕거리며 빔비사라 왕을 위협했다. 길 양 옆에서 달려드는 귀신들 사이에서 빔비사라 왕은 간담이 서늘해지면서 몸을 움츠렸다.

그렇게 얼마를 가자 이번에는 귀졸 하나가 나타났다. 귀졸은 빔비사라 왕을 옥사에 넣었다. 철커덕 하고 옥사의 문이 잠기는 소리를 듣자 빔비사라 왕은 자신이 왜 저승에 와야 하는지, 그것도 왜 지옥에 와야 하는지 억울하고, 또 억울했다.

빔비사라 왕은 아직 문밖에 있는 명도 사자들을 향해 소리

쳤다.

"나는 왕위에 오른 이후 바른 법으로 나라를 다스렸습니다. 그리고 악업을 짓기는커녕 선업만을 지었다고 자부할 수도 있습니다. 이런 내게 무슨 죄가 있어 이리 벌을 주려 하십니까?"

빔비사라 왕은 억울한 마음에 울분을 토해냈다. 이를 들은 명도 사자들이 안타까운 표정을 지으며 대답했다.

"대왕께서 성심으로 시왕 49재를 공양했다면 우리가 어찌 감히 대왕을 배은하겠습니까? 종관 권속이 대왕의 공양을 얻지 못하여 대왕께서는 이런 고통을 받게 되신 것임을 바로 아십시오."

사자의 말을 빔비사라 왕은 무슨 뜻인지 잘 알 수 없었다. 빔비사라 왕은 속으로 명도 사자의 말을 되뇌며 생각했다. 하지만 아무리 생각해도 이해가 가지 않자 빔비사라 왕은 끈

질기게 명도 사자들을 설득하기에 이르렀다.

"아니, 대체 그것이 무슨 말씀입니까? 세상에는 종관의 이름이 없습니다. 그분들의 이름조차 알지 못하는 세상 범부들이 다 저와 같은 고통을 받아야 한다는 것은 너무 지나친 처사입니다. 이제 제가 사자들을 통해 종관 권속을 알게 되었으니 그분들의 이름을 제게 알려주시고, 저를 다시 세상으로 돌려보내주신다면 저는 물론 어리석은 중생까지 모두 법답게 수행을 하도록 제가 널리 중생을 제도하겠습니다."

빔비사라 왕은 간곡히 간청하였다. 빔비사라 왕의 간청이 지극한 나머지 결국 명도에 받아들여졌다. 이렇게 하여 빔비사라 왕은 죽음을 면하고 다시 세상으로 돌아올 수 있었다.

그때 빔비사라 왕이 가져온 명도 종관 권속의 이름은 지장대성(地藏大聖)을 위시하여 육대천조(六大天曹), 도명(道明)·

무독(無毒), 육대천왕(六大天王), 명부시왕(冥府十王), 십육판관(十六判官), 삼원장군(三元將軍), 선악이부동자(善惡二部童子), 삼십칠위귀왕(三十七位鬼王), 감제직부호법선신토지영관(監濟直符護法善神土地靈官) 97위, 시왕각배종관(十王各陪從官) 162위 등 도합 259위였다고 한다.

　빔비사라 왕은 다시 살아난 후 25년간 매일 1위씩 예배 공양하면서 전세의 죄업을 참회하고 현세의 죄업 소멸과 건강 장수를 빌었다. 빔비사라 왕은 총 59차례의 '예수시왕생칠재(豫修十王生七齋)'를 올리는 모범을 보이며 중생을 교화해 종래에는 도솔천에 태어나 지장대성을 뵙고 수다원과(須陀洹果)를 얻었다고 전해진다.

보살행의 구현

불교는 자신 스스로 수행을 통해 해탈을 추구하는 종교다. 하지만 누구의 도움도 없이 홀로 수행하는 것은 결코 아니다. 보이지 않는 불보살님의 힘이 항상 우리를 든든히 받쳐주고 있기 때문이다.

예수재는 불교 수행의 근본 성격을 성실히 반영하고 있다. 죽음을 맞기 전 살아생전에 미리 참회의 공덕으로 업장을 소멸하고, 지계(持戒)와 보시로 내생의 복락을 기원하고 있기 때문이다. 또한 경전을 독송하여 해탈과 열반의 길에 들고자 하며, 불보살님과 명부시왕을 비롯한 숱한 선지식을 대상으로 공양을 올려 그들의 은혜를 갚고자 한다.

따라서 예수재의 참된 의미는 심오한 수행과 깨달음의 이치이다. 스스로의 행(行)을 청정히 닦고 복덕을 지어 나가며, 그 복을 일체 중생에게 회향하는 일련의 진행 자체가 바로 수행과 깨달음의 길이기 때문이다.

이처럼 불보살님과 호법신중의 가피력 아래 정성스레 수행함으로써 자신의 미래를 닦고자 하는 예수재는, 불교적 신앙의 정통성을 대중적으로 구현하고 있다는 점에서 그 깊은 의미와 가치가 있다.

더욱이 절대자의 은총에만 의존하는 수동적 자세가 아니라 자신 스스로가 적극적인 노력과 행위를 요청한다는 점에서 개인의 기복을 넘어서는 대승적 보살행이 구현되는 의식이라는 것을 알 수 있다. 따라서 예수재의 참뜻을 제대로 이해하고 참다운 수행의 공덕을 쌓도록 해야 한다.

생전예수재 지내는 시기

　생전예수재는 윤달에만 지낸다. 음력 12월은 태양력 12월보다 11일이 짧다. 그래서 3년에 한 달, 혹은 8년에 석 달의 윤달을 넣지 않으면 안 된다. 한마디로 윤달은 음력의 평년 12개월보다 1개월이 더 추가된 달로 몇 년에 한 번씩 돌아온다. 본래 달이 기우는 것을 기준으로 하는 태음력에서는 계절의 추이를 정확하게 맞출 수 없고 농사에도 지장이 크기 때문에 그것을 조절하기 위해 윤달이 만들어졌다.

　윤달은 매년 있는 것이 아니라 몇 년에 한 번씩 들기 때문에 '여벌달', '공달' 또는 '덤달'이라고 하기도 한다. 그래서 보통 여느 달과는 달리 걸릴 것이 없는 달이고, 탈도 없는 달이라고 한다.

　속담에는 '송장을 거꾸로 세워도 탈이 없다'고 할 만큼 무탈한 달로 여겼다. 평소에 날짜나 방위를 까다롭게 따지던 이사나 집수리 같은 것들도 윤달에 하면 가릴 것이 없다고 했다.

『동국세시기』에는 다음과 같은 기록이 있다.

윤달은 풍속에 결혼하기에 좋고, 수의를 만드는 데 좋다. 모든 일을 꺼리지 않는다. 광주(廣州) 봉은사(奉恩寺)에서는 매양 윤달을 만나면 서울 장안의 여인들이 다투어 와서 불공을 드리며 돈을 자리 위에 놓는다. 그리하여 윤달이 다 가도록 끊이지 않는다. 이렇게 하면 극락세계에 간다고 하여 사방의 노인들이 분주히 달려오고 다투어 모인다. 서울과 외도(外道)의 여러 절에서도 대개 이러한 풍습이 있다.

이외에도 윤달에 세 번 절에 가면 모든 액이 소멸되고, 복이 온다고 하여 많은 사람들이 이름 있는 절을 찾는다.

이처럼 탈이 없고 복만 있는 '덤달', 윤달이기에 현세의 복만이 아닌 내세의 복을 지성껏 닦는 생전예수재를 지내기에 가장 좋은 때라고 전해져 온다.

윤달에 짓는 수의

 몇 년에 한 번씩 돌아오는 윤달은 '공달'이라 하여 나이 드신 어른의 평안을 축복하는 뜻에서 이때 꼭 수의(壽衣)를 지었다.
 수의는 사람이 죽어 염습할 때 시신에게 입히는 옷이다. 유교적 전통이 남아 있는 우리나라에서는 부모의 환갑, 진갑이 가까워지면 가정 형편에 따라 수의를 지어두는 것이 보편화되어 있다. 또한 산소를 돌보거나 이장하는 일도 흔히 윤달에 했는데, 이 또한 조상을 위한 일에 장애가 없기를 바라는 마음에서였다.
 부모의 수의를 지을 때에는 효를 다하기 위해 윤달 가운데서도 길일을 택했다. 뿐만 아니라 팔자 좋고 장수한 노인들을 모셔다가 바느질을 하였는데, 솔기 중간에 실매듭을 짓지 않음으로써 저승길을 갈 때 걸리지 않고 편안하게 가시기를 염원하였다. 또한 치수나 폭에 있어서도 짝수가 아닌 홀

수로 하였다.

  윤달에 짓는 수의는 탈 없는 때를 골라 정성으로 짓기 때문에 여러 가지 좋은 의미가 담긴다. 부모를 생각하는 자손들의 효심을 바탕으로 살아생전 무병장수를 기원하는 것은 물론, 사후 복락까지 함께 기원하는 정성으로 만들기 때문이다.

  부처님 전에 기도를 올리며 부모님 수의를 지으면 그만큼 복이 더할 것이다. 그래서인지 근래에는 가사 점안을 하듯 부처님 전에 공양 올리고 수의를 짓는 불자들도 많아졌다.

미리 복을 짓는 생전예수재

부처님이 가르치신 법의 근본 이치는 연기(緣起)이다. 이 세상의 모든 존재와 현상은 인연에 따라 일어나고 인연이 다하면 사라진다는 이치이다.

이 연기법은 현실세계를 설명하는 동시에, 현실의 괴로움과 고통을 극복하는 해탈법이기도 하다. 괴로움의 원인을 없애면 괴로운 과보는 나타날 수 없고, 즐거움의 씨앗인 선을 쌓으면 공덕은 자연스레 드러나기 때문이다.

해탈의 길은 수행이다. 수행이란 몸과 마음을 닦는(修) 것이다. 수행이란 특별한 곳에서 어려운 행위를 하는 것이 아니라 일상생활 자체를 말한다. 먹고, 자고, 눕고, 걷는 모든 생활 속에서 행동과 의식을 가다듬는 것이 수행이다. 그것을 옛 스님들은 행주좌와 어묵동정(行住坐臥 語默動靜) 속에서 도(道)를 닦으라고 표현했다.

생전예수재는 말 그대로 살아생전에 미리 수행과 공덕을

닦아두는 재(齋)이다. 속설에는 자신의 49재를 미리 지내는 것이라고도 한다. 그래서 다른 말로는 역수(逆修)라고도 한다.

『지장보살본원경』 「이익존망품」에는 다음과 같은 말이 나온다.

> 생전에 좋은 인연을 닦지 않고 죄만 많이 지은 사람이 죽은 후 그 권속이 그 사람을 위해 공덕을 베풀지라도 그가 받을 수 있는 것은 7분의 1뿐이고, 나머지 7분의 6은 살아 있는 사람들 스스로에게 돌아가게 된다. 그러므로 현재나 미래의 중생은 스스로 수행하여 그 공덕을 받으라.

결국 자작자수(自作自受)이다. 내가 받을 과보는 내 스스로 지은 공덕에 따를 뿐이다. 따라서 예수재 기간 이후에도 꾸준히 기도하고 수행해야 한다.

예수재 법요에 담긴 뜻

예수재 재단 구성

예수재의 재단은 상단·중단·하단으로 설치한다.
상단은 상단·상중단·상하단으로
중단은 다시 중상단·중중단·중하단으로 구분되며,
하단 역시 고사단(庫司壇)·사자단(使者壇)·마구단(馬具壇)으로
세분된다.

상단

상단은 재단의 가장 윗자리로서 청정법신(淸淨法身)인 비로자나 부처님을 중심으로, 왼편에는 원만보신(圓滿報身) 노사나 부처님을, 오른편에는 백억화신(百億化身) 석가모니 부처님을 모신다. 이는 부처님이 온 세계에서 가장 높으신 분이며, 예수재 역시 궁극적으로는 부처님의 세계를 지향한다는 의미를 내포하고 있다.

상중단

상중단은 상단 왼편에서 상단을 보좌하는 재단이다. 이곳은 명부의 지옥 중생을 제도하는 지장보살을 중심으로 왼편에 육광보살, 도명존자 오른편에 육대천조, 무독귀왕을 모신다.

상하단

상하단 역시 상단 오른편에서 상단을 보좌하는 재단이다. 선악의 인과를 밝히는 대범천왕을 중심으로 제석천왕을 비롯하여 사대천왕을 모시는 자리이다. 한가운데에 대범천왕을 모시고 왼편에 제석천왕, 오른편에 사대천왕을 모신다.

중상단

중상단은 중단 가운데에서도 한가운데에 있는 자리이다.

중앙에 풍도대제를 모시고 왼편에 하원지관(下元地官), 오른편에는 시방법계지부 성중(聖衆)을 모신 뒤, 그 아래로 진광대왕(秦廣大王), 초강대왕(初江大王), 송제대왕(宋帝大王), 오관대왕(五官大王), 염라대왕(閻羅大王), 변성대왕(變成大王), 태산대왕(泰山大王), 평등대왕(平等大王), 도시대왕(都市大王), 오도전륜대왕(五道轉輪大王) 등 시왕을 모신다.

중중단

중중단은 중상단을 왼편에서 보좌하는 자리로, 한가운데에 26위의 판관(判官)을 모시고, 왼편에 36위의 귀왕, 오른편에 2부 동자와 12사자를 모신다.

중하단

중하단은 중상단을 오른편에서 보좌하며, 종관(從官)을 한

가운데에 모시고 왼편에 7위를 영관(靈官), 오른편에 부지명위(不知名位)를 모신다.

고사단

고사단은 하단 가운데에서도 상단에 속한다. 이곳은 한가운데 고조관(庫曹官)을 모시고 왼편에 관사(官司), 오른편에 군졸을 비롯한 관리를 모신다.

사자단

사자단은 하단 중 중단으로 고사단 왼쪽에서 고사단을 보좌한다. 이곳은 사직사자(四直使者)인 연직(年直) 사천사자, 월직(月直) 공행사자, 일직(日直) 지행사자, 시직(時直) 염마사자를 모신다. 이들은 다 같은 동격의 사자들이다.

마구단

마구단은 하단의 마지막에 해당하며 고사단 오른쪽에서 고사단을 보좌한다. 이곳은 운마(雲馬), 낙타(駱駝) 등의 동물을 모신다. 이 역시 모두 동격의 동물들이다.

이렇게 만들어지는 예수재 재단은 그대로 법계 만다라가 된다.

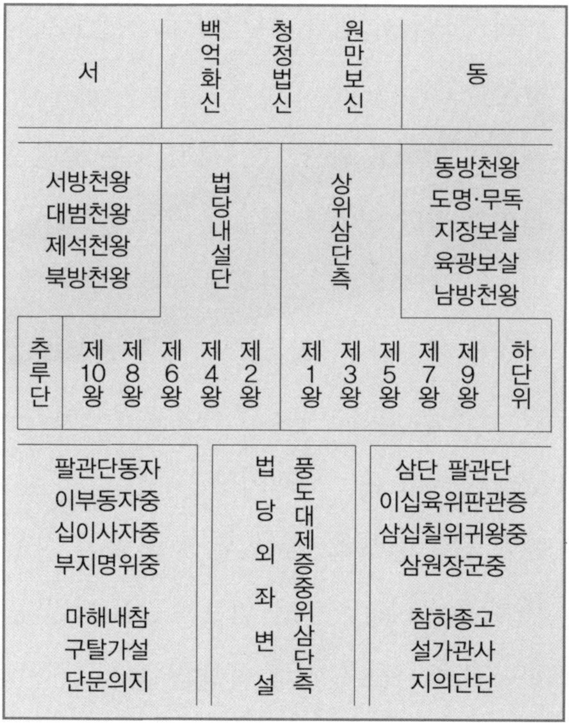
서
백억화신
청정법신
원만보신
동
서방천왕
대범천왕
제석천왕
북방천왕
법당내설단
상위삼단측
동방천왕
도명·무독
지장보살
육광보살
남방천왕
추루단
제10왕
제8왕
제6왕
제4왕
제2왕
제1왕
제3왕
제5왕
제7왕
제9왕
하단위
팔관단동자
이부동자중
십이사자중
부지명위중
마해내참
구탈가설
단문의지
법당외좌변설
풍도대제증중위삼단측
삼단 팔관단
이십육위판관증
삼십칠위귀왕중
삼원장군중
참하종고
설가관사
지의단단

예수재 의식

1. 먼저 부처님을 청하고 다음으로 지장보살님과 천왕들을 모신다.
2. 시왕을 청하고 판관, 왕, 사지 또는 종관 등등의 관리와 팔만 명이나 되는 옥졸들을 청한다. 이렇게 여러 성현을 모신 이후에 공양을 올린다.
3. 공양을 올린다. 공양 의식에서 헌전(獻錢)을 비롯한 금은전(金銀錢)이나 조전(造錢)을 올리는 것은 전생의 빚을 갚는 의식이다.
4. 경을 담은 경함을 옮긴 후 꽃을 흩고 향을 사른 뒤 재를 올리는 사람을 위한 축원을 드린다.
5. 하단의 사자들을 청해 공양을 올리고 축원한 후 보낸다.

6. 하단 의식 절차가 끝나면 비로소 상단으로 들어가 부처님을 비롯하여 보살, 천왕을 청하고 꽃을 뿌리고 공양을 올린다.

의식 진행 중에는 범패와 의식무가 장엄하게 펼쳐지며, 재단 자체가 이미 만다라를 상징하여 법당의 장엄도 극치에 이르게 된다.

특히 금은전을 바친 후에는 미리 작성한 함합소(緘合疏)를 읽고, 재에 동참한 사람에게 절반을 잘라준다. 옛 어른들은 이렇게 예수재 때 받은 금은전을 정성껏 모아두었다가 임종 시 관 속에 함께 넣곤 했다.

예수재 의식의 의미

예경

예수재 의식은 비로자나, 노사나, 석가모니 부처님을 먼저 청하여 예경을 올리는 것으로 시작한다. 이는 사람이 죽은 후 좋은 곳으로 환생하게 인도해달라는 의미가 담겨 있다. 그리고 지장보살, 도명존자, 무독귀왕은 지옥으로 떨어지지 않도록 해달라는 의미가 있고, 대범천왕, 제석천왕, 사대천왕은 초선천이나 도리천 등 천상의 좋은 세상으로 이끌어 달라는 바람이 담겨 있다.

예수재 재단에 많은 성현과 신중이 등장하는 이유는 중생이 어떤 세계에 태어나더라도 그 세계와 복연(復緣)을 맺을 수 있도록 배려하기 위한 것이다. 그렇기 때문에 모든 성현에게 일일이 공양을 올리는 선업을 행함으로써 스스로 지은 복의 힘으로 자신의 사후를 준비한다.

공양

예수재 의식에서 공양의식은 큰 비중을 차지한다. 공양은 부모를 비롯하여 스승, 불보살, 많은 성현들에게 물질적, 정신적으로 자신의 정성을 표현하는 행위이다. 보통 공양물로 등, 향, 차, 꽃 등을 사용한다.

부처님은 곤궁함에 시달리는 사람이나 바르게 살려고 정진하는 사람, 깨달음을 얻은 성현에게 행하는 보시의 과보야말로 진정 수승한 것이라고 강조했다.

성현에게 행하는 보시는 그들이 지닌 감화력을 통하여 모든 중생에게까지 두루 미치게 된다. 결과적으로 작은 정성이 뭇 중생을 제도하는 밑거름이 되는 것이다. 그러니 공덕이 크다고 할 수 있다. 공양을 통하여 나와 일체 성현과 뭇 중생은 선업으로 이어진다. 이런 점에서 볼 때 예수재 때 행하는 공양은 자신을 위한 커다란 선업이 아닐 수 없다.

아무런 대가를 바라지 않고 지극한 정성으로 올리는 공양이야말로 선업 중의 선업이다. 아무리 작은 악행이라도 과보를 피할 수 없듯, 아무리 작은 선업이라도 그 과보는 헛되지 않는다.

최고의 공양은 역시 자신 스스로가 깨달음을 얻어 열반을 체득하는 것이다. 한 사람의 선지식은 많은 사람에게 큰 이익을 주고, 한 사람의 깨달음은 헤아릴 수 없는 중생으로 하여금 괴로움의 세계에서 벗어나게 한다.

　따라서 성현에게 올리는 공양이 자신과 남에게 복락을 주기 위한 것이라면 열반의 체득이야말로 최고의 복락이 아닐 수 없다. 그래서 예수재 의식에서 보리심을 일으키고 경전을 읽는 절차가 삽입되어 있는 것이다. 작은 물질의 공양을 넘어 최고의 공양인 깨달음을 지향해야 하기 때문이다.

지장보살

지장보살(地藏菩薩)은 땅을 버텨주는 이라 하여 지지보살(地持菩薩), 묘한 진리의 깃발이라 하여 묘당보살(妙幢菩薩), 중생을 가엾이 여기는 마음이 끝없다 하여 무변심보살(無邊心菩薩)이라고도 한다.

지장보살은 석가모니 부처님으로부터 미륵 부처님이 이 세상에 오실 때까지 정법이 사라져버린 악한 세상에서 고통받는 중생을 건져주도록 부촉받으신 분이다.

그런 부촉과 더불어 지장보살은 지옥세계의 모든 중생이 성불하기 전에는 성불하지 않겠다고 발원했다. 즉, 지옥이 텅 빌 때까지 성불하지 않겠다는 서원을 세운 지장보살을 '대원본존(大願本尊)'이라고 부른다.

『지장보살경』에서는 다음과 같이 설명하고 있다.

지장보살은 남방세계에 주재하시며 맑은 천안으로 지옥 속에서 괴로움을 받는 중생을 보시니, 배고프면 뜨거운 쇳덩이를 삼키고 목마르면 구리즙을 마시면서 온갖 고통을 받는데, 휴식조차 없음을 보고 차마 참을 수 없으셔서 즉시 남방으로부터 지옥의 가운데에 도달하여 염라왕과 함께 같은 곳에서 자리를 달리하여 앉으셨다.

이렇게 지장보살을 지옥의 주재자인 염라대왕과 관련시키는 부분도 나타나 있다.

생전예수재에서 다른 보살들을 제쳐두고 지장보살을 모시는 것은 아마 지장보살의 이런 서원 때문일 것이다. 지장보살이야말로 부처님의 자비정신이 가장 구체적으로 표현되는 보살님이기 때문이다.

【 불갑사 지장시왕도 】 불갑사 성보박물관 소장

지장보살의 좌우에 무독귀왕, 도명존자가 시립한 지장삼존을 시왕 및 판관, 사자, 옥졸 등 지옥의 권속들이 둘러싸고 있다. 중앙의 지장보살삼존을 중심으로 좌우측 하단부에는 시왕이, 중단부에 판관, 사자, 옥졸 등이, 상단부에는 육보살이 그려져 있다.

명부전 시왕

지장보살과 더불어 예수재의 핵심을 이루고 있는 존재는 시왕이다.
시왕은 명부에 머물며 망자의 생전 업행(業行)을 심판하고
다음 세상에 태어날 몸을 판정하는 역할을 담당한다.

【 기림사 시왕도 】 기림사 유물관 소장

진광대왕전(秦廣大王殿)

망자는 죽은 지 7일이 되면 진광대왕전에 도착한다. 이 왕은 부동명왕(不動明王)의 화신(化身)이라고 한다. 불효를 했거나 인과를 믿지 않은 사람은 이곳의 염마 지옥에 떨어진다.

진광대왕(도산지옥)

초강대왕전(初江大王殿)

2·7일이 되면 초강대왕전에 닿는다. 이 왕은 석가모니 부처님의 화신이라고 한다. 본당이 내하(奈何)라는 강기슭에 있고, 왕전까지는 세 갈래의 길이 있는데, 죄업의 경중에 따라 가벼우면 좋은 길로, 무거우면 험난한 길로 가게 된다.

초강대왕(확탕지옥)

송제대왕전(宋帝大王殿)

3·7일이 되면 송제대왕전에 이른다. 이 왕은 문수보살의 화신이다. 이곳에는 사납고 극악스러운 고양이 떼와 큰 범들이 있다. 큰 죄업을 지은 사람은 여기에서 명도의 길이 얼마나 험난한가를 뼈저리게 느끼게 된다.

송제대왕(한빙지옥)

오관대왕전(五官大王殿)

4·7일이 되면 오관대왕전에 도착한다. 이 왕은 보현보살의 화신이라고 한다. 이곳에서는 주로 말로 지은 악업을 심판 받는다. 『지장보살 발심인연경』을 보면, 좌우로 집 두 채가 있는데 왼쪽에는 칭량사(秤量舍), 오른쪽에는 감록사(勘錄舍)가 있다. 칭량사에서는 거짓말한 죄의 무게를 달고, 감록사에서는 죽은 사람의 죄업에 대한 기록문서가 있어 심판을 한다고 되어 있다.

오관대왕(검수지옥)

염라대왕전(閻羅大王殿)

5·7일에는 지장보살의 화신이라고 하는 염라대왕전에 당도한다. 이곳에는 '업경대(業鏡臺)'라는 거울이 있어 삼세의 업행이 그 속에 숨김없이 나타나게 된다. 경에 따르면 염라대왕에게 동생이 둘 있는데, 왼쪽 동생은 중생의 악행의 기록을 담당하는 나찰의 모습이고, 오른쪽 동생은 선행의 기록을 담당하는 인자한 모습이라고 한다.

염라대왕(발설지옥)

변성대왕전(變成大王殿)

6·7일이 되면 법성대왕전에 도착한다. 이 왕은 미륵보살의 화신이다. 이곳 역시 거울과 저울로 생전의 업행을 심판하며, 망자를 위해 권선징악의 가르침을 베푼다. 이곳에 오려면 철환소(鐵丸所)를 반드시 지나야 하는데, 악행을 많이 저지른 사람은 온갖 고통을 겪는다.

변성대왕(독사지옥)

태산대왕전(泰山大王殿)

7·7일째 태산대왕전에 가게 된다. 이 왕은 약사여래의 화신이라고 한다. 이곳에 오려면 암철소(闇鐵所)를 지나야 한다. 암철소는 사방을 분간할 수 없을 정도로 어둡고, 길이 좁으며 양쪽 벽에는 칼날 같은 쇠꼬챙이가 돋아 있어 지날 때 고통을 받는다. 대왕전 앞에는 지옥, 아귀, 축생, 수라, 인, 천의 6도로 통하는 여섯 개의 문이 있는데, 태산대왕의 심판으로 각각 그 중 한 문을 통해서 다음 왕전으로 가게 된다.

태산대왕(최마지옥)

평등대왕전(平等大王殿)

100일째 되는 날에는 평등대왕전에 당도한다. 이 왕은 관세음보살의 화신이라고 한다. 성난 겉모습을 하고 있지만 내심은 매우 자비로우며, 형벌을 다스리는 동시에 교화의 말을 들려준다.

평등대왕(추해지옥)

도시대왕전(都市大王殿)

1년이 되면 도시대왕전에 당도한다. 이 왕은 대세지보살의 화신이라고 한다. 왕전 앞에는 불상자가 놓여 있는데, 만약 무거운 죄업을 지은 사람이 불상자를 열면 뜨거운 불꽃이 온몸을 불사른다고 한다. 만약 죽은 지 1년 되는 날 유족들이 『법화경』을 옮겨 쓴다든지, 불상을 조성한다든지, 또는 팔재계(八齋戒)를 받으면 그 복력이 특별한 힘을 일으켜 죽은 사람을 고통으로부터 구제해준다.

도시대왕(철상지옥)

오도전륜대왕전(五道轉輪大王殿)

죽은 지 3주년이 되는 날 마지막으로 가는 왕전은 전륜대왕전이다. 이 왕은 아미타 부처님의 화신이라고 한다. 전륜대왕은 지옥 중생을 통솔하고 중생의 어리석음과 번뇌를 다스린다. 이곳에서는 눈이 열 개나 되고, 어깨가 넷이나 되는 옥졸들이 망자의 죄업을 검사한다. 여기에서 생전에 지은 업행을 통해 다음 생에 무엇으로 태어날지 판정된다. 복덕이 크면 인간이나 천계에 태어나고, 죄업이 크면 축생이나 아귀계에 태어난다.

전륜대왕(흑암지옥)

악업을 지은 망자에게 명도의 길은 그야말로 고통의 가시밭길 그 자체다. 그러나 명부 시왕은 단순히 두려운 존재만은 아니다. 망자로 하여금 악업의 죄보를 다하게 하여 심신을 정화 시켜주며, 인생의 바른 이치를 교시해주는 스승의 역할도 하고 있다. 시왕 모두가 불보살의 화신으로 이해되는 것도 이런 이유다.

십왕전 이름	낳은 해(출생년)	변화 신
1전 진광대왕 (도산지옥)	경오생·신미생·임신생 계유생·갑술생·을해생	부동명왕
2전 초강대왕 (확탕지옥)	무자생·기축생·경인생 신묘생·임진생·계사생	석가모니
3전 송제대왕 (한빙지옥)	임오생·계미생·갑신생 을유생·병술생·정해생	문수보살
4전 오관대왕 (검수지옥)	갑자생·을축생·병인생 정묘생·무진생·기사생	보현보살
5전 염라대왕 (발설지옥)	경자생·신축생·임인생 계묘생·갑진생·을사생	지장보살
6전 변성대왕 (독사지옥)	병자생·정축생·무인생 기묘생·경진생·신사생	미륵보살
7전 태산대왕 (최마지옥)	갑오생·을미생·병신생 정유생·무술생·기해생	약사여래
8전 평등대왕 (추해지옥)	병오생·정미생·무신생 기유생·경술생·신해생	관세음보살
9전 도시대왕 (철상지옥)	임자생·계축생·갑인생 을묘생·병진생·정사생	대세지보살
10전 전륜대왕 (흑암지옥)	무오생·기미생·경신생 신유생·임술생·계해생	아미타

업경대

지옥의 염라대왕이 가지고 있다는 거울로 인간의 죄를 비추어보는 거울이다. 사찰 명부전에 비치되는 불교 공양구 중 하나로, 이 거울에 비추면 살아생전 그 사람이 행한 선행과 악행이 드러난다고 한다.

업칭대

지옥에서 죄인을 심판할 때 쓰이는 저울이다. 이승에서 쌓은 죄업의 무게를 다는 도구이다.

(해인사 성보박물관 소장)

띠별 예수재 빚

12지간 예수재 빚

대부분의 사람은 자기의 선행에 대해 대가를 바라는 마음을 가진다. 그러나 예수재는 공양을 '빚을 갚는' 행위로 표현한다. 이유는 중생의 목숨은 수많은 다른 중생의 희생을 바탕으로 유지되기 때문이다. 그러므로 우리가 살아가는 그 자체가 '빚'이다.

'빚'이기 때문에 그것을 갚는 것에는 어떤 대가도 있을 수 없다. 여기에 예수재 공양의 깊은 의미가 있다.

뭇 중생과 성현들로부터 받은 은혜를 빚으로 표현하여 대가를 바라지 않는 순수한 보시를 행하게 하려는 것이, 그리하여 마침내는 한량없는 공덕을 성취하게 하려는 것이 예수재의 궁극적인 목적이기 때문이다.

*관(貫)은 동전 1천닢을 꿴 한 꾸러미를 기준으로 정한 화폐량 단위입니다. 1관은 10냥이며 금의 가격을 1돈(3.75g)에 10만 원이라고 보았을 때 1관은 100돈으로 1000만 원 정도가 되며, 따라서 1만 관은 1000억 원에 해당합니다.
이렇게 천문학적인 금액을 한 생에 다 갚기는 거의 불가능할 것입니다. 이토록 많은 금액이 제시되는 이유는, 우리의 현재는 과거 한 생의 업이 쌓인 것이 아니라 무수한 전생의 업연이 모여 이루어진 것이기 때문입니다. 따라서 물질로써 업을 소멸하겠다는 생각보다 간절한 기도와 수행으로 업장을 녹이는 것이 필요합니다.

◎자년(子年: 쥐띠)에 태어난 사람

생년	빚진돈	읽을 경전	내야 할 곳
갑자생	5만 3천관	17권	제3고 원(元)조관
병자생	7만 3천관	24권	제9고 왕(王)조관
무자생	6만 3천관	21권	제6고 윤(尹)조관
경자생	11만관	35권	제9고 이(李)조관
임자생	7만관	22권	제3고 맹(孟)조관

◎축년(丑年: 소띠)에 태어난 사람

생년	빚진돈	읽을 경전	내야 할 곳
을축생	28만관	94권	제15고 전(田)조관
정축생	4만 3천관	94권	제15고 전(田)조관
기축생	8만관	25권	제3고 최(崔)조관
신축생	11만관	36권	제18고 길(吉)조관
계축생	2만 7천관	10권	제8고 습(習)조관

◎ 인년(寅年: 범띠)에 태어난 사람

생년	빚진돈	읽을 경전	내야 할 곳
병인생	8만관	26권	제10고 마(馬)조관
무인생	6만관	20권	제11고 곽(郭)조관
경인생	5만 1천관	28권	제15고 모(毛)조관
임인생	9만 6천관	22권	제13고 최(崔)조관
갑인생	3만 3천관	11권	제13고 두(杜)조관

◎ 묘년(卯年: 토끼띠)에 태어난 사람

생년	빚진돈	읽을 경전	내야 할 곳
정묘생	2만 3천관	9권	제11고 허(許)조관
기묘생	8만관	25권	제26고 송(宋)조관
신묘생	8만관	26권	제4고 장(張)조관
계묘생	1만 2천관	8권	제20고 왕(王)조관
을묘생	8만관	26권	제18고 유(柳)조관

◎ 진년(辰年: 용띠)에 태어난 사람

생년	빚진돈	읽을 경전	내야 할 곳
무진생	5만 2천관	18권	제14고 풍(馮)조관
경진생	5만 7천관	19권	제24고 유(劉)조관
임진생	4만 5천관	15권	제1고 조(趙)조관
갑진생	2만 9천관	10권	제19고 동(童)조관
병진생	3만 2천관	11권	제35고 가(賈)조관

◎ 사년(巳年: 뱀띠)에 태어난 사람

생년	빚진돈	읽을 경전	내야 할 곳
기사생	7만 2천관	24권	제31고 조(曺)조관
신사생	5만 7천관	19권	제37고 고(高)조관
계사생	3만 9천관	13권	제50고 배(裵)조관
을사생	9만관	30권	제21고 양(楊)조관
정사생	7만관	23권	제16고 정(程)조관

◎오년(午年: 말띠)에 태어난 사람

생년	빚진돈	읽을 경전	내야 할 곳
경오생	6만 2천관	20권	제43고 진(陳)조관
임오생	7만관	33권	제44고 공(孔)조관
갑오생	4만관	13권	제21고 우(牛)조관
병오생	3만 3천관	12권	제60고 소(蕭)조관
무오생	9만관	30권	제39고 사(史)조관

◎미년(未年: 양띠)에 태어난 사람

생년	빚진돈	읽을 경전	내야 할 곳
신미생	1만 3천관	32권	제59고 상(常)조관
계미생	5만 2천관	17권	제49고 주(朱)조관
을미생	4만관	13권	제51고 황보(皇甫)조관
정미생	9만 1천관	29권	제52고 주(朱)조관
기미생	4만 3천관	15권	제5고 변(卞)조관

◎신년(申年: 원숭이띠)에 태어난 사람

생년	빚진돈	읽을 경전	내야 할 곳
임신생	4만 2천관	14권	제49고 묘(苗)조관
갑신생	7만관	23권	제56고 여(呂)조관
병신생	3만 3천관	11권	제57고 하(何)조관
무신생	8만관	36권	제58고 시(柴)조관
경신생	6만 1천관	21권	제42고 호(胡)조관

◎유년(酉年: 닭띠)에 태어난 사람

생년	빚진돈	읽을 경전	내야 할 곳
계유생	5만관	16권	제12고 신(申)조관
을유생	4만관	24권	제2고 안(安)조관
정유생	17만관	48권	제29고 민(閔)조관
기유생	9만관	29권	제32고 손(孫)조관
신유생	3만 7천관	13권	제15고 정(丁)조관

◎ 술년(戌年: 개띠)에 태어난 사람

생년	빚진돈	읽을 경전	내야 할 곳
갑술생	2만 5천관	9권	제27고 병(并)조관
병술생	8만관	25권	제3고 좌(左)조관
무술생	4만 2천관	14권	제36고 보(普)조관
경술생	11만관	35권	제2고 신(辛)조관
임술생	7만 3천관	25권	제4고 팽(彭)조관

◎ 해년(亥年: 돼지띠)에 태어난 사람

생년	빚진돈	읽을 경전	내야 할 곳
을해생	4만 8천관	16권	제42고 성(成)조관
정해생	3만 9천관	13권	제40고 길(吉)조관
기해생	7만 2천관	25권	제50고 정(丁)조관
신해생	10만 1천관	45권	제40고 석(石)조관
계해생	7만 5천관	24권	제15고 구(仇)조관

『수생경』

『수생경(壽生經)』에 담긴 부처님 말씀

 정관(貞觀) 13년(639년)에 당(唐)나라 삼장법사(三藏法師) 현장(玄奘)이 인도로 가서 부처님의 가르침을 찾는 중에 팔만대장경을 열람하다가 『수생경』을 발견하였다. 부처님께서 『수생경』을 통해 하신 말씀은 아래와 같다.

 열두 가지 띠가 남섬부주에서 태어나 사람으로 될 적에 먼저 명부 아래에서 각기 생명을 이어준 돈, 즉 수생전을 빌리게 되는데, 이때 생명을 담당하는 주명관(注命官)이 있어서 오로지 사람의 길로 모이게 한다. 창고가 비어 있음을 알고 남섬부주의 중생들을 재촉하여 수생전을 바치라고 했다. 이때 부처님의 제자 아난(阿難)이 물었다.
 "세존이시여, 남섬부주의 중생들이 모두 커다란 소원이 있으나 빌린 돈을 갚을 수 없다고 하나이다."
 이 소리를 듣고 부처님이 말씀하셨다.

"정성된 마음으로 『금강경』과 『수생경』을 읽으면 생명의 뿌리가 된 본명전(本命錢)을 갚을 수 있게 된다. 이는 『금강경』과 『수생경』의 힘이 위대함을 증명해 준다.

만약 중생들이 수생전을 갚지 않는다면 잠자는 도중에도 놀라 두려워하고, 잠인지 꿈인지 모르게 뒤바뀌며 사람의 몸속에 있는 세 가지 혼이 멀리 아득해지고, 일곱 가지 넋이 깊숙이 어두워져 허공 속에 미세하게 생겨난다. 이리하여 사람을 모두 죽인다. 이때 소리와 대화를 몰아내고, 사람의 혼백을 잡아당겨 정신을 없애버리니 이는 수생전을 갚지 않았기 때문이다. 그러나 만약에 선남자, 선여인이 그릇된 생각을 없애고 수생전을 바칠 수 있다면, 갑자기 닥치는 아래 열여덟 가지 액운을 면제 받을 수 있다.

첫째는, 먼 길을 떠났을 때 산비탈과 물가에서 악인에게 멸시당하고, 희롱당하는 액운을 면할 것이다.

둘째는, 먼 길을 떠났다가 비, 바람과 우박을 만나는 액운을 면할 것이다.

셋째는, 강물을 건널 때 물에 빠져 죽는 액운을 면할 것이다.

넷째는, 담이 쓰러지고 집이 무너지는 액운을 면할 것이다.

다섯째는, 불에 타 죽는 액운을 면할 것이다.

여섯째는, 죄를 보는 액운을 면할 것이다.

일곱째는, 앓고 병드는 액운을 면할 것이다.

여덟째는, 문둥병에 걸리는 액운을 면할 것이다.

아홉째는, 목구멍이 막히는 액운을 면할 것이다.

열 번째는, 말을 타고 가다가 떨어져 다치는 액운을 면할 것이다.

열한 번째는, 맷돌 가는 수레에 치어 죽는 액운을 면할 것이다.

열두 번째는, 상처가 생겨 전염균으로 죽는 액운을 면할 것이다.

열세 번째는, 아이를 낳다가 죽는 액운을 면할 것이다.

열네 번째는, 비명횡사하는 액운을 면할 것이다.

열다섯 번째는, 졸지에 중풍에 걸리는 액운을 면할 것이다.

열여섯 번째는, 시절마다 하늘이 내리는 재앙을 면할 것이다.

열일곱 번째는, 우물에 뛰어들어 스스로 목을 매어 죽는 액운을 면할 것이다.

 열여덟 번째는, 관가의 액과 구설시비의 액운을 면할 것이다.

 만약 어떤 선남자, 선여인이 수생전을 명부에 바친다면 신변에 닥치는 이 열여덟 가지의 재앙을 면하게 되리라. 그러나 어떤 사람도 수생전을 바치지 않고 환산하지 않으면 내세에 설령 사람이 되더라도 모두가 빈천의 업보를 자초하고, 수명이 길지 못하고, 얼굴이 못생겨서 견디지 못할 것이고, 잔병치레만 많아질 것이다. 그러므로 『주생경(注生經)』 또는 『수생경』이라고 불리는 경을 읽기만 하라. 이 참된 경은 허황되지 않으니 신변의 재앙을 없애고, 신변의 화근을 면하게 해주리라.

 또 십지보살을 말하노라. 장수왕(長壽王) 보살마하살, 연수왕(延壽王) 보살마하살, 증복수(增福壽) 보살마하살, 소재장(消災障) 보살마하살, 구고난(救苦難) 관세음보살마하살, 장안락(長安樂) 보살마하살, 장환희(長歡喜) 보살마하살, 해원결(解冤結) 보살마하살, 복수왕(福壽王) 보살마하살, 연수

장(延壽長) 보살마하살 등이 있다. 이들을 지성으로 모시면 거처하는 집안의 용신, 토지신의 죄가 소멸되고, 집안에 가득한 식솔들의 죄가 소멸되며, 남에게 욕을 하고 험담하여 성내게 하고 터무니없는 헛소문을 낸 죄가 소멸되고, 살아 있는 목숨을 해친 죄가 소멸되며, 전생에 원수를 맺은 죄가 소멸되고, 금생에 원수를 맺은 죄가 소멸되고, 전생의 부모가 저지른 죄가 소멸되고, 금생의 부모가 저지른 죄가 소멸되느니라.

또 재앙을 내리는 별을 말하노라. 금성, 목성, 수성, 화성, 토성, 태양성, 태음성, 나후성, 계도성, 자가성, 월패성 등이다.

참회하고 난 뒤에 이들 재앙의 별이 비치지 않고, 복을 주는 별이 길이 빛나 오래도록 사계절에 병이 없고, 여덟 절기에 재앙이 없기를 발원하라.

만약 선남자, 선여인이 일찍 수생전을 바치며 분명히 설명을 하고, 빠뜨린 관(貫)이 없도록 하여 곳집에 바치면, 곳집 담당 관원이 접수한다. 죽은 뒤에는 칠칠일(七七日) 이전에 일찍 『수생경』을 불살라 바치면 삼세부모와 칠대조상과

구족의 원혼 등을 구제하여 모두 천상에 태어날 수 있다. 선비, 학자, 승려, 도인과 속인 등이 귀하든 천하든 간에 상관없이 선남자, 선여인이 금생에서 일찍 수생전을 불살라 바친다면 삼세토록 부귀를 누릴 것이니라.

그러나 금생에 불살라 바치지 않으면 삼세토록 빈천해지고, 내생에 사람의 몸으로 태어나기 어렵다.

이 『수생경』은 첫째로 원한을 풀어주는 경이요, 둘째로 목숨을 늘리는 진언이오, 셋째로는 지옥에 떨어질 다섯 가지의 커다란 죄악을 없애주는 경이다. 이 경을 외우면 지옥의 죄를 면할 수 있고, 바로 천상에 태어날 수 있으니, 결코 헛된 일이 아니리라.

수생전을 명부에 바치는 발원문

받들어 채워 갚고자 오직 삼가 천조진군(天曹眞君), 지부진군(地府眞君), 본명원신(本命元神), 본명성관(本命星官), 선부동자(善部童子), 악부동자(惡部童子), 택신토지(宅神土地), 오도장군(五道將軍), 가조대왕(家竈大王), 수초장군(水草將軍), 복록관(福祿官), 재록관(財祿官), 의록관(衣祿官), 식록관(食祿官), 전록관(錢祿官), 명록관(命祿官), 본고관(本庫官)께 바쳐 올립니다.

이미 성관(星官)께 은전(銀錢)을 각기 일백관문(貫文)씩 올렸습니다.

○○○은 삼가 법도에 있는 경의 주석을 따르겠나이다.

오직 삼가 제신백관(諸神百官)께 올리오니 오로지 원하옵건대 불살라 제사를 올린 이후로 온 집안이 평온하여 사계절에 하찮은 액운도 없게 해주시고, 여덟 절기에 크나큰 경사가 있도록 하여 주옵소서!

경건히 기도할 마음을 이루어 내고자 하오니 원하옵건대 하루 빨리 대길하고 상서로운 길을 내려주시고, 원하옵건대 깊은 정성을 드러내시어 굽어 살펴 복을 내려주옵소서!

  부족하나마 여기 향과 차와 술과 과일과 소반과 자리 등을 갖추어, 엎드려 바라노니 받아들여 밝게 살펴 주시어 경문의 명부에 빛을 갚는 아뢰는 글에 준거하여 주옵소서!

수생전과 읽은 경을 명사에 불살라 바치는 법

(참고문헌: 1566(가정 45)년 안국사 간행 『찬요』에 있는 조전법, 1632(숭전 5)년 용복사 간행 『찬요』에 있는 조전지법)

정성스럽게 만든 수생전과 읽은 『금강경』, 『수생경』을 불살라 명사에 바칠 때는 월덕방위(月德方位)의 물을 한 되 떠 놓고 다음 진언(眞言)을 읽는다.

◎ **심묘장구 즉설주왈**	옴 반자나 반자니 사바하	(3~108회)
◎ **즉설주왈**	옴 아자나 훔 사바하	(3~108회)
◎ 조전진언	옴 바라훔 사바하	(108회)
◎ 성전진언	옴 반자나 훔 사바하	(7회)
◎ **쇄 향수진언**	옴 바라패 훔	(7회)
◎ 괘전진언	옴 반자나 반자미 사바하	(7회)
◎ 개전진언	옴 반자나니 훔 사바하	(21회)
◎ 헌전진언	옴 아자나훔 사바하	(108회)

그리고 월덕방위의 물을 수생전과 경위에 뿌린다.(때로는 경이 수생전이 될 수 있다.) 그리고 주소, 나이, 이름을 축원장(狀)에 따라 읽는다.

(주소) ○○○○○○○○○○○○○에 사는
(나이) ○○살의 ○○띠
(이름) ○○○는
흠전(欠錢) ○○○○관, 금강경, 수생경 ○○권을 읽고,
제(第) ○○곳집(庫), ○조관(曹官)에게 태워 바치나이다.

여기까지 읽은 뒤 수생전과 경을 불살라 태우면서 다음 진언을 읽는다.

◎ **소전진언**   옴 비로기제 사바하   (21회)

※월덕방위의 물을 아는 법(月德方水知法)

음력 1월, 5월, 9월은 사오간(巳午間)　　남쪽과 동남쪽 사이의 물
음력 2월, 6월, 10월은 인묘간(寅卯間)　　동쪽과 북동쪽 사이의 물
음력 3월, 7월, 11월은 해자간(亥子間)　　북쪽과 서북쪽 사이의 물
음력 4월, 8월, 12월은 신유간(申酉間)　　서쪽과 남서쪽 사이의 물

※『수생경』 번역본을 수지독송하던 불자가 후에 이 세상을 떠나면 유족들이 『수생경』을 49일 이전에 망인을 대신하여 불살라 바쳐야 한다.

 『수생경』 관련 내용은 『고려본 불설예수시왕생칠경(佛說預修十王生七經—자인편』(삼각산 왕녕사)에서 발췌하였습니다.

극락왕생 발원문

극락세계에 계시어 중생을 이끌어 주시는 아미타 부처
님께 귀의하옵고,
그 세계에 가서 나기를 염불행자 ○○○은 발원하옵나니
자비하신 원력으로 굽어 살펴 주옵소서.
저희들이 네 가지 은혜 끼친 이와 삼계중생들을 위하여
부처님의 위 없는 도를 이룩하려는 정성으로
아미타불의 거룩하신 명호를 수지하여
극락세계에 가서 나기를 원하나이다.
업장은 두텁고 복과 지혜 부족하여
더러운 마음 물들기 쉽고 깨끗한 공덕 이루기 어렵기에
이제 부처님 앞에서 지극한 정성으로 예배하고
참회하나이다.

저희들이 끝없는 옛적부터 오늘에 이르도록

몸과 입과 마음으로

한량없이 지은 죄와 맺은 원수, 모두 녹여버리옵고

이제부터 서원 세워 나쁜 짓 멀리하여

다시 짓지 아니하고

보살도 항상 닦아

정각을 이루어서 중생을 제도하려 하옵나니

아미타 부처님이시여!

대자대비하신 원력으로 저를 증명하시며,

저를 어여삐 여기시며,

저를 가피하시어 삼매나 꿈속에서나

아미타불의 거룩하신 상호를 뵈옵고,

아미타불의 장엄하신 국토에 다니면서,

아미타불의 감로로 저에게 뿌려주시고,

아미타불의 광명으로 저를 비춰주시고,

아미타불의 손으로 저를 만져주시고,

아미타불의 옷으로 저의 허물을 덮어주시어

업장은 소멸되고 선근은 자라나고

번뇌는 없어지고 무명은 사라져서

원각의 묘한 마음 뚜렷하게 열리옵고

상적광토가 항상 나타나지이다.

또, 이 목숨 마치올 제

갈 시간 미리 알아

여러 가지 병고액난 이 몸에 없어지고

탐(貪)·진(嗔)·치(癡) 온갖 번뇌

마음에 씻은 듯이 육근이 화락하고

한 생각 분명하여

이 몸을 버리옵기 정에 들 듯 하옵거든

그때에 아미타 부처님께서

12광불과 관음, 세지를 비롯한 25보살과 함께

광명 놓아 저를 맞으시며

아미타불의 손을 들어 저를 인도하게 주옵소서.

그때에 높고 넓은 누각들과
아름다운 깃발들과 맑은 향기 고운 풍류
거룩하온 극락세계 눈앞에 분명커든
보는 이, 듣는 이들 기쁘고 감격하여
위없이 깨친 마음 다 같이 발하올 제
이 내 몸 고이고이 연화좌에 올라앉아
부처님 뒤를 따라 극락정토로 왕생케 하옵소서.
칠보로 된 연못 속에 상품상생 하온 뒤에
불보살 뵈옵거든
미묘한 법문 듣고 무생법인 깨치오며,
부처님 섬기옵고 수기를 친히 받아
온갖 공덕을 원만하게 이루어지이다.
그러한 후 극락세계를 떠나지 아니하고
사바세계에 다시 돌아와
한량없는 분신으로 시방국토 다니면서
여러 가지 신통력과 여러 가지 방편으로

무량중생 제도하여
탐·진·치를 여의옵고,
깨끗한 마음으로 극락세계 함께 가서
물러나지 않는 자리에 오르게 하려 하오니
세계가 끝이 없고, 중생이 끝이 없고,
번뇌업장이 모두 끝 없사오니,
염불행자 ○○○의 서원도 끝이 없나이다.
저희들이 지금 예배하고 발원하여 닦아 지닌 공덕을
온갖 중생에게 베풀어주어
삼계 유정들도 모두 제도하여
다 같이 일체 종지를 이루어지이다.

나무아미타불
나무아미타불
나무아미타불

생전예수재

1판 1쇄 (불기 2553) 2009년 3월 10일
개정판 7쇄 (불기 2567) 2023년 3월 2일

엮은이 | 대한불교조계종 포교원
발행인 | 정지현
편집인 | 박주혜
발행처 | (주)조계종출판사

출판등록 | 제2007-000078호
등록일자 | 2007년 4월 27일
주　소 | 서울시 종로구 삼봉로 81 두산위브파빌리온 1308호
전　화 | 02·720·6107
팩　스 | 02·733·6708
구입문의 | 불교전문서점 향전 02·2031·2070~1 / www.jbbook.co.kr

ⓒ 대한불교조계종 포교원, 2004
ISBN 978-89-93629-79-8　03220

* 책값은 뒤표지에 있습니다.
* 저작권법에 의하여 보호를 받는 저작물이므로 무단 복사, 전재하거나 변형하여 사용할 수 없습니다.
* 조계종출판사의 수익금은 포교·교육 기금으로 활용됩니다.